鍋さえあれば、じっくりコトコト
ほったらかし煮込みレシピ

新田亜素美

大和書房

Introduction

いい加減だから美味しい
とことん"ほったらかし"にこだわりました。

我が家にとって、煮込みといえば祖母の作る「モツ煮込み」でした。豚モツ、こんにゃく、味噌、醤油、薬味にネギという、とてもシンプルなもの。人がたくさん集まる時には必ずといってよいほど、五徳からはみ出すほど大きなアルミのお鍋で作っていました。

祖母の料理もいい意味で"いい加減"。あまりルールを気にせず、食材もいい加減に切って、調味料もそのまま鍋に放り込んでいた気がします。

そして「こうやって、大きな鍋で一度にたくさん作ると美味しくなるんだよ」ってうれしそうに話していました。

この本でも、とことん"ほったらかし"にこだわりました。お肉などの煮込み料理では焼き付け、焦げ目を付けてから、煮込むことが一般的ですが、そこはほったらかしですから、鍋の中で調味料と和えるだけ♪

調味料を材料にまとわせて、あとはコトコトじっくり煮込むだけ。煮詰める時に火加減を少し調整するだけで、驚くほど美味しい煮込み料理に仕上がります。鍋ごと食卓に出して、好きなだけよそいながらいただけるのも煮込み料理のいいところです。さっと煮込みやお手軽に缶詰を使った煮込み料理もありますので、その時のシーンに合わせて、どんどん作ってみてください。

Contents

いい加減だから美味しい
とことん"ほったらかし"にこだわりました。……2
この本の使い方……5
ほったらかし煮込みってすごい！……6
煮込みを美味しくする鍋たち……8

part 1
コトコトじっくり煮込み……9

牛すじの赤ワインと赤味噌煮……11
スペアリブとプルーンのジャム煮……13
豚バラとリンゴの角煮……14
牛すね肉とじゃがいものコチュジャン煮……15
牛すね肉のヨーグルト味噌煮……16
カリフラワーとかぶのホワイト煮……17
豚肩ロースの味噌香るボルシチ風……19
ポルトガル風肉じゃが……20
さつまいもと豚のクミン香るごま味噌煮……21
ゆで卵と大根のお蕎麦屋さんカレー……22
豚だんごともやしの担々煮……23
スペアリブのバルサミコ煮、マスタードの香り……25
里芋と鶏肉、カリフラワーのこっくり煮……27
鮭じゃが……28
鶏肉と青梗菜のわさび香る酒かす煮……29
手羽先とみかんのスパイス煮……30
れんこんと豚肉の味噌マスタード煮……31
長芋と角切りベーコンの塩昆布煮……32
牛すじと大根のビール煮……33
たことオリーブの炭酸煮……34
キムチと冬瓜、鱈の煮込み……35
鰯のあんず煮……36

大豆と手羽先の煮込み……37
れんこんとしいたけのとろっと明太子煮……38
玉ねぎと豚バラ、たっぷりしょうがのもずく煮……39
デミ缶で本格赤ワインシチュー……40
キヌアとトマトのミルク煮……42
レンズ豆とブロッコリーの辛味噌スープ煮……43
かぼちゃと押し麦の豆乳煮……44

part 2
5分以下のさっと煮込み……45

牛薄切り肉と香味野菜のサワークリーム煮……47
豚ヒレとぶどうのクリーム煮……49
きのこと薄切り牛肉のさっと煮カレー……50
ズッキーニと海老のゆず胡椒バター煮……51
彩り野菜と豚肉のココナッツミルク醤油煮……53
鶏レバーのアンチョビ・レモンガーリック……54
青梗菜の鶏ひき蒸し煮……55
鶏むね肉とレモンのしっとり煮……56
アサリと白菜のマーラー煮……57
魚介のコーンクリーム煮……59
海老とたこのゆず胡椒香るエスニック煮……60
薄切りじゃがいもとスモークサーモンの重ね蒸し……61
白身魚とハーブのレモン煮……62
ソーセージとブロッコリー、
　カリフラワーのすっぱ辛煮……64
イカとたっぷりパセリのナンプラー煮……65
里いもと海老の塩バター煮……66
イカとセロリのグレープフルーツ煮……67

part 3

缶詰パカッと空けるだけ煮込み ……… 69

コンビーフとブロッコリーのミルクチーズ煮 …… 70
コンビーフとキャベツの煮もの ……………… 72
オイルサーディンとじゃがいものパプリカ煮 … 73
オイルサーディンとドライトマトのビーンズ煮 … 75
豚バラとかぶのトマトヨーグルト煮 ………… 76
さんまのトマト味噌煮 ………………………… 77
鮭缶と春雨のタイ風煮込み …………………… 78
鮭缶と白菜のオイスターソース煮 …………… 79
鯖缶と豆腐のキムチ煮 ………………………… 80
鯖缶と玉ねぎのスパイス醤油煮 ……………… 81
ツナ缶ときのこのアラビアータ ……………… 82
ツナ缶とじゃがいもの梅バター煮 …………… 83

part 4

ご飯も麺も煮込み ……… 85

カリフラワーと海老のパエリヤ ……………… 87
鶏肉と春菊のトムヤム煮込み麺 ……………… 88
サンラーご飯 …………………………………… 89
ひき肉とトマト、
　ブロッコリーの煮込みマカロニ …………… 91
ホタテ缶とほうれん草の煮込みペンネ ……… 92
きのこたっぷり和風パスタ …………………… 93

Column
冷めても美味しい煮込み料理

❶ きゅうりと鶏ひきのビネガー煮 ……………… 68
❷ セロリとみょうがの塩煮 ……………………… 84
❸ プチトマトとズッキーニの和風ラタトゥイユ … 94
❹ ソーセージとピクルスのサワー煮 …………… 95

この本の使い方

《 人数分について 》

レシピはすべて2〜3人分です。ただし料理によってボリュームは異なります。シチューやスープたっぷりのメインディッシュになるものはボリュームもたっぷりめ、さっと作るサイドディッシュはほどほどの量なので、副菜やおつまみのイメージです。

《 火加減について 》

この本では、煮込む際の火加減を表記しています。お使いの鍋やコンロによっては煮える時間が変わってきます。様子を見ながら火加減を行ってください。

《 煮込み時間について 》

この本では、煮込み時間を表記しています。お使いの鍋によって火のまわりや熱の伝わり加減が異なります。鍋板が厚いほうが熱伝導がよく、早く煮えます。鍋板が薄いものは時間がかかり、焦げやすいので注意が必要です。

《 スープについて 》

だし汁、ブイヨン、鶏がらスープなどのスープについては、お使いのスープの商品にしたがって作ってください。顆粒のまま使う場合は（顆粒）と表記しています。

《 鍋の大きさについて 》

この本では18〜24cmの鍋を使って調理しました。食材の量に対して鍋が小さすぎても、大きすぎても水分がうまく対流しないので、適切なサイズを選んでください。

ほったらかし煮込みって
すごい！

1
鍋が煮込んでくれる

材料を切って、鍋に入れて火をかけるだけ。ただそれだけなのに、食材の旨味と調味料が絶妙の融合を見せてくれます。炒め物とも鍋とも違う、煮込みの世界の妙を楽しんでください。

2
コトコト煮込む魔法の力

煮込めば煮込むほど美味しくなる料理があります。中には1時間以上煮込むメニューも。時間は"美味しい"のおまじないのようなもの。時間という魔法の力を借りて、ほったらかし煮込みができるのです。

3
さっと煮込みの美味しさも

とはいっても時間がない、すぐ食べたい時に、さっと煮込みだけで美味しくなるレシピも。食材によっては2～3分のさっと加熱のほうが柔らかく、美味しくいただけることもあります。

4
焼き付けしなくてもいい

ほったらかし煮込みのいいところは、肉を焼き付ける必要もないということ。鍋の中で食材と調味料を和えることで、焼き付けしなくても、肉汁を閉じ込めることができます。

Kind of the pan

煮込みを美味しくする鍋たち

無水鍋

野菜など食材の持つ水分で調理ができる鍋ですが、煮込みに使うと熱伝導がよく、素材の栄養素も失いにくい鍋です。

ホーロー鍋

見た目がかわいいの一言に尽きます。煮込んだあと鍋ごと食卓に出せるのもうれしい。また、汚れが落ちやすく手入れがしやすいのも◎。

アルミ鍋

どこのお家にも一つはあるアルミ鍋。とにかく軽い、扱いやすいのが特徴です。この本のレシピの中ではさっと煮込みに適しています。

土鍋

土鍋と言えば鍋物ですが、煮込み料理にも使えるすぐれもの。火から下ろしてもしばらくグツグツ煮えるので、あつあつのまま食卓に出せます。

フライパン

フライパンでも煮ものはできます。水分量が少ないレシピの時に便利。鍋底の面積が大きいので材料を広げることができ、短時間調理に適しています。

part 1
コトコトじっくり煮込み

煮込み料理の醍醐味はコトコト、グツグツ煮込んで、
時間の魔法をかけること。
素材に味が染み込んで滋味があふれます。

牛すじの
赤ワインと赤味噌煮

弱火で1時間、コトコト牛すじを柔らかくしたら、
もう30分かけてじっくり味を染み込ませる。
赤味噌のコクと赤ワインの酸味が程よい一皿。

材料
牛すじ肉 … 250g
ごぼう … 1本

A | 赤ワイン … 200mℓ
　 | 水 … 800mℓ

B | 赤味噌 … 大さじ 1 ½
　 | ケチャップ … 大さじ 1
　 | 砂糖 … 小さじ 2

作り方

1. 一口大に切った牛すじとAを入れ、ふたをして弱火で1時間ほど煮込む。
2. ごぼうは4cm長さに切り、縦半分に切る。
3. ごぼうとBを加え、ふたをせずに中火で30分ほど煮込む。

[牛すじの下ごしらえ]
鍋にたっぷりの湯を沸かし、牛すじを入れ沸騰して1〜2分したらザルにあげ、水で洗う。

弱火 **1時間**
中火 **30分**

スペアリブとプルーンのジャム煮

ジャムは冷蔵庫にあるものならなんでも OK。
酸味の強いあんずやラズベリーは、このレシピのまま。
イチゴジャムなら酢を少し加えて！

| 中火 35分 |
| 中火 10分 |

材料
スペアリブ … 8 本
プルーン … 4 個
マーマレード … 大さじ 2
醤油 … 大さじ 2
水 … 300㎖
タイム … 適量

作り方

1. 鍋にスペアリブとプルーン、マーマレード、醤油を入れてよく和える。
2. 水を加えてふたをして中火で 35 分煮込み、ふたを取りさらに中火で 10 分煮込む。タイムを飾る。

豚バラとリンゴの角煮

こってりした豚バラにリンゴと黒酢の2つの酸味を加えることで、さっぱり！
リンゴは紅玉を使うと鮮やかな赤に。

弱火 35分

材料

豚バラ肉（塊）… 400g
リンゴ … 2個
A｜醤油 … 大さじ3
　｜黒酢 … 大さじ2
　｜砂糖 … 大さじ3
　｜シナモン … 小さじ½
水 … 350mℓ
タイム … 適量

作り方

1. 豚バラとリンゴは3cm角に切る。
2. 鍋に1とAを入れてよく和え、水を加えてふたをして沸騰したら弱火で35分ほど煮込む。
3. タイムを添える。

牛すね肉とじゃがいものコチュジャン煮

牛すね肉とじゃがいもに、甘辛いコチュジャンがベストマッチ!
ご飯にもビールにもピッタリ。辛みは少ないので家族みんなでどうぞ。

| 中火 1時間 |
| 弱火 30分 |

材料
- **牛すね肉** … 300g
- **じゃがいも** … 3個
- **ごぼう** … ½本
- **いんげん** … 4本
- にんにく … 1かけ
- 水 … 1.2ℓ
- A | コチュジャン … 大さじ1½
    | 醤油 … 大さじ1
    | 砂糖 … 大さじ1

作り方

1. 牛すね肉は一口大に切り、じゃがいもは皮をむいて3～4等分に、ごぼうは3cmの乱切りにする。いんげんはゆでて4等分に切る。

2. 鍋に牛すね肉とにんにく、水を入れ、ふたをして中火で1時間ほど煮込む。

3. Aとじゃがいも、ごぼうを加え、ふたをせずにさらに弱火で30分煮込む。途中でいんげんを加える。

材料

牛すね肉 … 250g
長ねぎ … 1本
こんにゃく … 1枚
A｜味噌 … 大さじ2 ½
　｜ヨーグルト … 大さじ2
　｜砂糖 … 小さじ2
水 … 1ℓ
糸唐辛子（あれば）… 適量

作り方

1. 牛すね肉は3cm角に切り、長ねぎは4cm長さに切り、こんにゃくは小さめにちぎる。

2. 鍋に牛すね肉と水を入れ、ふたをして弱火で1時間ほど煮込み、こんにゃく、長ねぎ、Aを加え、ふたをせずに中火で30分ほど煮込む。糸唐辛子を乗せる。

弱火 1時間
中火 30分

牛すね肉の
ヨーグルト味噌煮

ポイントは大さじ2のヨーグルトを加えること。味噌のコクがぐっと凝縮した旨味になります。
長ねぎとこんにゃくにもしっかり味が染みて美味！

カリフラワーと かぶのホワイト煮

ホタテ缶はほぐし身でお手軽に、 汁ごと使います。
ホロホロなカリフラワーとじゅわっと 柔らかいかぶが、なんとも優しい一皿。

材料

カリフラワー … 1/2株
かぶ … 2個
ベーコン … 1枚
ホタテ缶 … 1缶（汁ごと）
塩 … 小さじ1/3
牛乳 … 400ml
水 … 100ml
水溶き片栗粉 … 大さじ2

作り方

1. カリフラワーは小房にし、かぶは皮をむいて4等分、ベーコンは1cm長さに切る。
2. 鍋に水溶き片栗粉以外のすべての材料を入れ、ふたをせずに弱火で25分ほど煮込み、水溶き片栗粉でとろみをつける。

弱火 25分

豚肩ロースの味噌香るボルシチ風

煮込み料理の定番ボルシチに、味噌を加えることで
ご飯にも合うこっくり煮込みに！
サワークリームを加えると本格的な風味に。

材料

豚肩ロース … 200g
玉ねぎ … 1個
セロリ … 1本
にんじん … ½本
じゃがいも … 2個
トマト缶 … 1缶
ブイヨン … 500㎖
A｜味噌 … 大さじ2
　｜砂糖 … 小さじ1
サワークリーム … 適量

作り方

1. 豚肩ロースは3cmの角切りに、玉ねぎは4等分、セロリは斜め切りに、にんじん、じゃがいもは乱切りにする。
2. 鍋で1とAを和え、トマト缶とブイヨンを加え、ふたをして沸騰したら弱火で30分ほど煮込む。
3. 火を止めてサワークリームを加える。

弱火 30分

ポルトガル風肉じゃが

パプリカパウダーやコリアンダーを使うことで、
いつもの肉じゃががワインにも合うポルトガル風の一皿に。最後にパクチーもたっぷりと。

弱火 25分

材料
豚バラ薄切り … 200g
じゃがいも … 3個
トマト … 2個
にんにく … 1かけ
ブイヨン … 500㎖
オリーブオイル … 大さじ1
ケチャップ … 大さじ1
塩 … 小さじ1 $\frac{1}{3}$
砂糖 … 小さじ1
コリアンダー … 小さじ1
パプリカパウダー … 小さじ1
パクチー … 適量

作り方

1. 豚バラ薄切りは5cmに切り、じゃがいもは4等分に、にんにくはスライスし、トマトとパクチーはざく切りにする。

2. 鍋にパクチー以外のすべての材料を入れ、ふたをして沸騰したら弱火にして25分煮込む。パクチーを乗せる。

さつまいもと豚のクミン香るごま味噌煮

弱火 15分
強火 3分

さつまいもの甘さとごま味噌のコクに、
ぷちっと香るクミンのさわやかさが意外な美味しさです。

材料

豚肩ロース … 250g
さつまいも … 2本
A｜味噌 … 大さじ1 ½
　｜みりん … 大さじ2
　｜白すりごま … 大さじ1
　｜クミンシード … 小さじ1
ブイヨン … 600mℓ
パプリカパウダー … 適量

作り方

1. 豚肩ロースは2cmの角切りにし、さつまいもは2cmの輪切りにする。

2. 鍋で1とAを和え、ブイヨンを注ぎ、ふたをして沸騰したら弱火で15分煮込み、ふたを取り強火で3分ほど煮込む。

3. 火を止めてパプリカパウダーをふる。

ゆで卵と大根のお蕎麦屋さんカレー

お蕎麦屋さんで出てきそうな、だしの香りがほっとする一皿。
大根を細かく切って、ゆでた蕎麦やうどんを合わせても。

弱火 10分

材料
ゆで卵 … 4個
大根 … 1/3本（300g）
だし汁 … 600㎖
A | 醤油 … 小さじ1
　| みりん … 大さじ2
　| カレールウ … 2かけ

作り方

1. 大根は皮をむいて厚さ2cmの半月切りにする。だし汁で20分ほどゆでておく。

2. Aとゆで卵を加え、ふたをして弱火で10分ほど煮込む。

豚だんごともやしの担々煮

豚コマに片栗粉をまぶしておだんご状にするので、噛み応えのある肉だんごに！
担々麺のような満足感のある一品

中火 7分

材料

豚コマ肉 … 200g
（片栗粉：大さじ1½、水：小さじ1½を
まぶしておく）
にら … 1束
もやし … 1袋
A ｜ 鶏がらスープ … 600mℓ
　｜ 白ごまペースト … 大さじ5
　｜ 豆板醤 … 小さじ2
　｜ 醤油 … 大さじ2
　｜ 砂糖 … 大さじ1¼

作り方

1. 豚コマ肉を10等分にして丸める。にらは2cm長さに切る。
2. 鍋に丸めた豚コマ肉ともやし、Aを入れ、ふたをせずに中火で7分ほど煮込み、にらを加える。

スペアリブのバルサミコ煮、マスタードの香り

弱火 25分
強火 10分

簡単なスペアリブの煮込みが、バルサミコと赤ワインの香りで
おもてなし級の一皿に。
ゆで卵をプラスすることで食べる時の楽しみも。

材料
スペアリブ … 6本
にんじん … 1本
ゆで卵 … 2個
A｜粒マスタード … 大さじ1
　｜醤油 … 大さじ2
　｜はちみつ … 大さじ1 ½
B｜バルサミコ酢 … 大さじ2
　｜赤ワイン … 200㎖
　｜水 … 200㎖

作り方
1. にんじんは長さを半分にしてスティック状にする。
2. 鍋でスペアリブ、にんじん、ゆで卵をAでよく和え、Bを加える。
3. ふたをして弱火で25分ほど煮込んだら、ふたをせずに強火で10分ほど煮込む。

里いもと鶏肉、カリフラワーの こっくり煮

中火 15分
強火 5分

醤油味の煮ものにカリフラワーを使い、バターでコクを出すことで風味豊かなこっくり煮に。
余ったらぜひリゾットにしてください。

材料
鶏もも肉…1枚
里いも…4個
カリフラワー…½株
A｜だし汁…300ml
　｜醤油…大さじ2
　｜みりん…大さじ2
　｜バター…10g

作り方
1. 鶏肉は一口大に切る。里いもは皮をむいて半分、カリフラワーは小房にする。
2. 鍋にすべての材料を入れ、ふたをして中火で15分ほど煮込み、ふたを外し強火で5分ほど煮詰める。

Arrange menu

余ったら、具材を小さく崩してご飯と牛乳、粉チーズを加えてリゾットに。

鮭じゃが

肉じゃがならぬ鮭じゃが！ わかめのシャキシャキ感を味わいたい時は最後に入れて。
バターの風味が効いてます。

弱火 20分

材料
鮭 … 2切れ
じゃがいも … 3個
わかめ … 30g（戻したもの）
だし汁 … 300㎖
バター … 10g
醤油 … 大さじ2
みりん … 大さじ1 ½

作り方
1. 鮭は3等分に、じゃがいもは皮をむいて3等分に、わかめはざく切りにする。
2. 鍋にすべての材料を入れ、ふたをして沸騰したら、弱火にして20分ほど煮込む。

鶏肉と青梗菜のわさび香る酒かす煮

弱火 10分

寒くなると必ず食べたくなるのがかす汁。白味噌と信州味噌の組み合わせで、まろやかなで親しみやすい味に。わさびの風味が隠し味！

材料
鶏もも肉 … 1枚
青梗菜 … 1株
長ねぎ … 1本
A │ だし … 500mℓ
　│ 酒かす … 大さじ3
　│ 白味噌 … 大さじ3
　│ 味噌 … 大さじ1
　│ 醤油 … 小さじ2
わさび … 小さじ1

作り方
1. 鶏肉は3cm角に、青梗菜と長ねぎは3cm長さに切る。
2. 鍋に1とAを入れ、ふたはせずに沸騰したら弱火で10分ほど煮込む。最後にわさびを加える。

手羽先とみかんのスパイス煮

中火 15分

みかんの酸味とスパイスの風味でオリエンタルな香りの手羽先煮に。
みかんの形を残したい場合は、飾り用として煮上がる前に加えて。

材料
手羽先 … 8本
みかん … 3個
コリアンダー（パウダー）… 小さじ1
クミンシード … 小さじ1
ナンプラー … 大さじ2
しょうが … 1/3かけ
酒 … 大さじ2
砂糖 … 大さじ1
醤油 … 小さじ2
水 … 300mℓ

作り方
1. みかんは皮をむいて横に半分に切る。しょうがはみじん切りにする。
2. 鍋にすべての材料を入れ、ふたをして中火で15分ほど煮込む。

れんこんと豚肉の味噌マスタード煮

味噌とマスタード、はちみつの組み合わせが好相性！
れんこんの代わりにじゃがいもやにんじんでも違った美味しさが。

中火 15分

材料
れんこん … 150g
豚肩ロース … 300g
ししとう … 8個
水 … 300㎖
A 味噌 … 大さじ1½
　マスタード … 大さじ1
　はちみつ … 小さじ2
　醤油 … 小さじ1

作り方

1. れんこんは2cm厚の半月切り、豚肩ロースは2cm角に切る。
2. 鍋で1とAを和え、水を加えてふたをせずに中火で15分ほど煮込む。最後にししとうを加えさっと煮る。

長芋と角切りベーコンの塩昆布煮

弱火 15分

だしを加えなくても塩昆布とベーコンの旨味でコク深い煮物に。
長芋は煮るとほっくりして、生とは違った食感と味わいに。

材料
長芋 … 400g
厚切りベーコン … 50g
塩昆布 … 2g
水 … 300㎖
醤油 … 小さじ2
みりん … 大さじ1

作り方

1. 長芋は皮をむき、長さ5cmの縦4等分に、厚切りベーコンは1cm角にする。

2. 鍋にすべての材料を入れ、ふたをして沸騰したら弱火で15分ほど煮込む。

牛すじと大根のビール煮

ビールを加えることで、牛すじが柔らかくトロットロに。
ほろ苦さも広がる、お酒が進む煮込みに！ アルコールは飛んでいるので子どもでも。

中火 1時間 ▼ 中火 40分

材料
牛すじ … 250g
大根 … 300g
ビール … 500ml
水 … 1ℓ
しょうが … 1かけ
A | 醤油 … 大さじ2
　| はちみつ … 大さじ1
　| 酢 … 大さじ1

作り方

1. 牛すじは下ごしらえしてから、一口大に切る。大根は大きめの乱切りにする。

2. 鍋に牛すじ、ビール、水、しょうがを入れ、ふたをして中火で1時間ほど煮込む。

3. Aと大根を加えて、ふたをせずにさらに中火で40分ほど煮込む。

[牛すじの下ごしらえ]
鍋にたっぷりの湯を沸かし、牛すじを入れ沸騰して1〜2分したらザルにあげ、水で洗う。

材料

たこ … 300g
黒オリーブスライス … 10g
にんにく … 1かけ
炭酸水 … 500ml
水 … 150ml
塩 … 小さじ1/4
オリーブオイル … 大さじ1 1/2
鷹の爪 … 1本
イタリアンパセリ … 適量
レモン … 好みで

作り方

1. たこは一口大に、にんにくは薄切りにする。
2. 鍋に1と黒オリーブ、炭酸水、水、塩、オリーブオイル、鷹の爪を入れふたをして弱火で40分煮込む。
3. イタリアンパセリを飾り、好みでレモンを絞る。

弱火 40分

たことオリーブの炭酸煮

たこは長時間煮ることで繊維がほぐれますが、炭酸水を使うことで短時間で柔らかに。
レモンをキュッと絞って召し上がれ！

キムチと冬瓜、鱈の煮込み

鱈を崩さず、冬瓜もトロットロに仕上げたいので、弱火でことこと加熱してください。ご飯を入れて雑炊にしても美味しいです。

材料
鱈…2切れ
冬瓜…¼個
キムチ…50g
だし汁…200ml
醤油…大さじ1
みりん…大さじ½
万能ねぎ…3本

作り方
1. 鱈は一口大に切り、冬瓜は皮をむいて3cm厚のいちょう切りにし、万能ねぎは10cm長さに切る。
2. 鍋にすべての材料を入れ、ふたをし、沸騰したら弱火で15分ほど煮込む。

弱火 15分

鰯のあんず煮

鰯といえば「梅煮」ですが、お菓子作りで残ったドライあんずで作ってみたところ、なかなかの好相性！ 梅煮に飽きたら、あんずでどうぞ。

中火 7分

材料
鰯 … 4尾
ドライあんず … 8個
おろししょうが … ½かけ分
醤油 … 大さじ3
砂糖 … 大さじ1
水 … 200㎖
酒 … 100㎖

作り方
1 鰯は頭とうろこ、内臓をとる。
2 鍋にすべての材料を入れ、沸騰したら落としぶたをして中火で7分ほど煮込む。

大豆と手羽先の煮込み

ボリュームのある1皿に。鶏の味がよくしみた大豆の水煮が絶品。
主役の手羽先をしのぐ美味しさです。

中火 20分

材料

大豆水煮 … 100g

手羽先 … 8本

A | 醤油 … 大さじ2 ½
　 | 砂糖 … 大さじ1

B | 黒酢 … 50mℓ
　 | 水 … 300mℓ

作り方

1. 鍋で手羽先とAを和え、大豆とBを加え、ふたをせずに中火で20分煮込む。

れんこんとしいたけのとろっと明太子煮

中火 15分

れんこんのほっくり、ねっとり食感を味わうなら、旬の時季に作ってみてください。
しいたけの代わりに好みのきのこでも◎。

材料
れんこん … 200g
しいたけ … 3個
明太子 … 1腹
だし汁 … 300mℓ
醤油 … 小さじ2
水溶き片栗粉 … 大さじ1
みつば … 1/3束

作り方
1. れんこんは皮をむき4cm長さの棒状に、しいたけは2等分に、みつばはざく切りにする。
2. 鍋にだし汁、れんこん、しいたけ、ほぐした明太子、醤油を入れふたをして中火で15分ほど煮込み、水溶き片栗粉でとろみをつけたらみつばを加える。

玉ねぎと豚バラ、たっぷりしょうがのもずく煮

弱火 40分

まるごと玉ねぎが、煮込み料理の真骨頂！ もずくは市販の味付きのもので OK。さっぱりした味に仕上がります。

材料
玉ねぎ … 2個
豚バラ薄切り … 100g
もずく … 1パック
しょうが … 1かけ
ブイヨン … 800mℓ
塩 … 小さじ1/3
酢 … 大さじ1
万能ねぎ … 2本

作り方

1 玉ねぎは皮をむいて、十字に切り目を入れ、豚バラは4cm長さ、しょうがは千切りに、ねぎは斜め切りにする。

2 鍋にねぎ以外のすべての材料を入れ、ふたをして沸騰したら弱火で40分煮込む。仕上げにねぎを散らす。

デミ缶で本格赤ワインシチュー

デミ缶を使うお手軽レシピですが、
どこの家にもある調味料をミックスすることで、
ぐーっと本格的な味に！

材料

牛肩ロース肉（シチュー用）…400g
にんじん…1本
れんこん…5〜6cm
玉ねぎ…1個
A｜デミグラスソース缶…1缶
　｜赤ワイン…200ml
　｜水…400ml
　｜ケチャップ…大さじ2
　｜砂糖…小さじ2
　｜オイスターソース…小さじ1
　｜中濃ソース…大さじ1½
水溶き片栗粉…大さじ2

作り方

1. 牛肉は3cm角、にんじんとれんこんはスティック状に切り、玉ねぎはくし切りにする。
2. 鍋に1とAを入れふたをして沸騰したら弱火で45分ほど煮込み、水溶き片栗粉でとろみをつける。

弱火 45分

材料

- キヌア … 大さじ2
- トマト … 2個
- セロリ … ½本
- ズッキーニ … ½本
- 厚切りベーコン … 50g
- A
  - コンソメ（顆粒）… 小さじ1
  - 塩 … ひとつまみ
  - 牛乳 … 200㎖
- 水溶き片栗粉 … 大さじ1

作り方

1. キヌア以外のすべての材料を1cm角に切る。
2. 鍋に1とA、キヌアを入れ、ふたをせずに弱火で15分ほど煮込む。
3. 水溶き片栗粉でとろみをつける。

弱火 15分

キヌアとトマトの ミルク煮

スーパーフードの代名詞キヌアを
ミルク煮にしてみました。
女性が不足しがちな栄養素が摂れ、
彩りもきれいな朝にもうれしい
ミルク煮です。

レンズ豆とブロッコリーの辛味噌スープ煮

ブロッコリーのシャキシャキ感も好きですが、くたくたに煮込んだブロッコリーも大好きです。
レンズ豆でボリューム感もアップ。

材料

レンズ豆 … 大さじ2
ブロッコリー … 1株
ベーコン … 2枚
だし汁 … 300mℓ
味噌 … 大さじ1
豆板醤 … 小さじ1
バター … 10g
砂糖 … 小さじ2
黒胡椒 … 少々

作り方

1. ブロッコリーは小房にし、ベーコンは3cmに切る。
2. 鍋に黒胡椒以外のすべての材料を入れ、ふたをして沸騰したら弱火で15分煮込み、黒胡椒をふる。

弱火 15分

かぼちゃと押し麦の豆乳煮

押し麦のプチプチ感がアクセントのほくほくしっとり煮込み。
ボリュームもあるのでお家での1人ランチの時にも！

弱火 15分

材料
鶏肉 … ½枚（150g）
かぼちゃ … 200g
押し麦 … 大さじ4
A｜ブイヨン … 200ml
　｜豆乳 … 200ml
　｜醤油 … 小さじ2
　｜しょうが … ½かけ
水溶き片栗粉 … 大さじ1
チャービル … 適量

作り方

1. 鶏肉は薄めのそぎ切りに、かぼちゃは一口大に、しょうがは千切りにする。

2. 鍋に1と押し麦、Aを入れ、ふたをして沸騰したら弱火で15分ほど煮込む。

3. 水溶き片栗粉でとろみをつけ、お好みでチャービルを飾る。

part 2
5分以下のさっと煮込み

フライパンでさっとつくる煮込み料理もあります。
食材によっては加熱しすぎないことで、柔らかくジューシーに仕上がります。
時間のない時も、5分以下でできるお助けレシピです。

牛薄切り肉と香味野菜の
サワークリーム煮

牛薄切り肉は、
お手軽な牛コマ肉で代用しても十分楽しめます。
最後にサワークリームを加えて、酸味とコクをプラス。

材料
牛薄切り肉 … 150g
セロリ … 1本
玉ねぎ … 1個
にんじん … ½本
A | 赤ワイン … 150mℓ
　| 水 … 150mℓ
　| ケチャップ … 大さじ1½
　| ウスターソース … 大さじ1½
サワークリーム … 大さじ2
クレソン … 適量
塩 … 小さじ⅓

作り方

1. 牛肉は半分に、セロリは斜め薄切り、玉ねぎは1cm厚、にんじんは半月切りにする。
2. 塩をまぶした牛薄切り肉と1、Aを鍋に入れ、ふたはせずに中火で5分ほど煮込む。
3. サワークリームを入れ、クレソンを飾る。

中火 5分

豚ヒレとぶどうのクリーム煮

驚くほど短時間でビジュアル度抜群のクリーム煮。
さっと煮込むので肉もしっとり柔らか。
クリームソースに溶ける紫色が美しい。

弱火 **3**分

材料

豚ヒレ肉 … 200g

ぶどう（巨峰）… 12 粒

A｜白ワイン … 100mℓ
　｜生クリーム … 100mℓ
　｜塩 … 小さじ1
　｜砂糖 … 小さじ½

セージ … 適量

作り方

1. 豚ヒレ肉は薄いそぎ切りにし、塩少々（分量外）をふる。

2. 鍋にすべての材料を入れ、ふたをせずに弱火で3分ほど煮込む。ぶどうは鍋の中で少しつぶすと色鮮やかになる。

材料

牛薄切り肉 … 150g
しめじ … ½株（50g）
しいたけ … 2個
えのきだけ … ½株

A │ ブイヨン … 400mℓ
　│ カレー粉 … 小さじ2
　│ 中濃ソース … 大さじ1 ½
　│ ケチャップ … 大さじ2
　│ 醤油 … 小さじ1
　│ オイスターソース … 小さじ1

水溶き片栗粉 … 大さじ2

作り方

1. 牛薄切り肉は2等分、しめじは小房に、しいたけは薄切り、えのきだけはほぐしておく。
2. 鍋に1とAを入れ、ふたをせずに強火で5分ほど煮込み、水溶き片栗粉でとろみをつける。

強火 5分

きのこと薄切り牛肉のさっと煮カレー

牛肉はさっと加熱するのがしっとり柔らかくなるコツ。きのこたっぷりのヘルシーカレーがたった5分で作れます。

ズッキーニと海老のゆず胡椒バター煮

ゆず胡椒のピリッとしたさわやかさと、バターのコクがぴったりです。ズッキーニを、薄切りじゃがいもや、きのこにしても美味しいです。

材料
ズッキーニ … 1本
海老 … 6尾
だし汁 … 150mℓ
ゆず胡椒 … 大さじ½
バター … 10g
醤油 … 小さじ1
みりん … 小さじ1

作り方
1. ズッキーニは5cm長さの縦4等分、海老は殻をむき半分に切る。
2. 鍋にすべての材料を入れ、ふたをして中火で5分ほど煮込む。

中火 5分

彩り野菜と豚肉の
ココナッツミルク醤油煮

具材をフライパンか浅めの鍋に彩りよく並べたら、
ほとんどできあがり。
スープを注いでさっと煮たら、そのまま食卓に。

材料

アスパラ … 4本
パプリカ（黄）… 1個
豚肉ロース薄切り … 100g

A | ココナッツミルク … 1/2缶（140g）
　 | 鶏がらスープ … 200mℓ
　 | 醤油 … 小さじ2

作り方

1. アスパラは縦半分に切って2等分に、パプリカは2cmのくし形に切る。
2. 浅めの鍋かフライパンに1と豚肉を彩りよく並べてAを注ぎ、ふたをして中火で5分ほど煮込む。

中火 5分

鶏レバーのアンチョビ・レモンガーリック

中火 3分

鶏レバーを柔らかく仕上げるコツは短時間煮込み。
新鮮な鶏レバーがあったらぜひ！ ディルのさわやかな甘みがぴったり。

材料

鶏レバー … 200g
セロリ … 1本
玉ねぎ … 1/2個
アンチョビ … 2枚
レモン … 1/2個
にんにく … 1かけ
白ワイン … 大さじ2
オリーブオイル … 大さじ1 1/2
塩 … 小さじ1/2
砂糖 … ひとつまみ
ディル … 適量

作り方

1. 鶏レバーは、よく洗い1口大に切る。セロリは斜め薄切り、玉ねぎは薄切り、アンチョビは粗みじん、レモンは2枚を輪切りにして残りを絞る。

2. 鍋にディル以外のすべての材料を入れ、ふたをして中火で3分ほど煮込み、ディルを乗せる。

青梗菜の鶏ひき蒸し煮

マヨネーズとケチャップを使うことでひき肉タネを素早く作って！
ふわふわにしたい時は、つなぎに卵や片栗粉を加えて。

中火 5分

材料

青梗菜 … 1株
鶏ひき肉 … 100g
A｜マヨネーズ … 大さじ1
　｜ケチャップ … 大さじ½
ブイヨン … 150mℓ
黒胡椒 … 適量

作り方

1. 青梗菜は1枚ずつはがす。ボウルの中でひき肉とAをよく練る。
2. 浅めの鍋かフライパンに青梗菜とひき肉を順に盛り付け、ブイヨンを注ぎ、ふたをして中火で5分ほど煮込み、黒胡椒をふる。

鶏むね肉とレモンのしっとり煮

弱火 **3**分

鶏むね肉は短時間加熱でしっとりと！ 厚めに切って包丁の背でたたくとさらに柔らかく。
レモンとバターでさわやかな中にもコクをプラス。

材料

鶏むね肉 … 1 枚
レモン（輪切り） … 4 枚
A｜砂糖 … 小さじ½
　｜塩 … 小さじ 1
ブイヨン … 150ml
バター … 10g
黒胡椒 … 少々
セージ … 適量

作り方

1 鶏むね肉は、7〜8mm厚のそぎ切りにする。

2 鍋に鶏むね肉を入れ、Aでよくもみ込む。レモンを乗せ、ブイヨンとバターを入れ、ふたをして沸騰したら、弱火で3分ほど煮る。

3 器に盛り、セージ、黒胡椒をかける。

アサリと白菜のマーラー煮

白菜から水分が出るので、少量の水で蒸し煮のように。
アサリの旨味を白菜がすってなんとも美味。花山椒を加えると本格的な味に。

中火 5分

材料
アサリ … 1パック（200g）
白菜 … ⅛株
にんにく … ½かけ
豆板醤 … 小さじ1
甜麺醤 … 小さじ1
水 … 大さじ3
ごま油 … 大さじ1
花山椒 … 少々

作り方
1 白菜は4cm長さに、にんにくは薄切りにする。
2 鍋にすべての材料を入れ、ふたをして中火で5分ほど煮込む。

魚介のコーンクリーム煮

東京・日暮里のとある和食屋さんのコーンスープ鍋をアレンジ。
コーンクリームとだしの味が、不思議とご飯にも合います。

中火 5分

材料

イカ … 1杯
アサリ … 1パック（200g）
春菊 … ½株
A｜コーンクリーム缶 … 小1缶
　｜だし汁 … 100mℓ
　｜醤油 … 大さじ1

作り方

1. イカはワタを取り、皮付きのまま輪切りに、ゲソは3cmに切る。春菊はざく切りにする。

2. 鍋にイカとアサリ、Aを入れ、ふたをせずに中火で5分煮込み、春菊を加える。

Arrange menu

余ったら、ゆでたマカロニとあえてとろけるチーズ、粉チーズをかけてオーブントースターで焦げめがつくまで焼いてグラタンに。

海老とたこのゆず胡椒香るエスニック煮

魚介は海老やたこ以外にもアサリやイカなど、好みのもので。
余ったスープにそうめんを入れても◎。

中火 5分

材料
海老 … 6尾
たこ … 200g
トマト … 2個
アスパラ … 2本
水 … 100mℓ
ココナッツミルク … 1/2缶（140g）
ゆず胡椒 … 小さじ1
ナンプラー … 大さじ1/2
砂糖 … 小さじ1

作り方

1. 海老は殻をむかず、背に切れ目を入れる。たこは一口大に切る。トマトはくし形切り、アスパラは4等分に切る。

2. 鍋にすべての材料を入れ、ふたをせずに中火で5分ほど煮込む。

薄切りじゃがいもとスモークサーモンの重ね蒸し

弱火 5分

塩加減はスモークサーモンの塩分で調節してください。
とっても簡単ですが、おもてなしの一品にも。大人数なら大きめのフライパンで増量して。

材料
じゃがいも … 2個
スモークサーモン … 70g
A | 白ワイン … 大さじ2
　 | 水 … 大さじ2
　 | 塩 … 少々
　 | バター … 10g
ディル … 適量

作り方
1. じゃがいもは皮をむいて5mmの薄切りにする。フライパンにじゃがいもとスモークサーモンを交互に並べる。
2. Aを加え、ふたをして弱火で5分ほど煮込み、ディルを乗せる。

白身魚とハーブのレモン煮

すずきを使いましたが、鯛やさわらなど季節の白身魚で。
野菜もとりたい時は、薄切り玉ねぎを下に敷いても。

材料
白身魚（すずき、鯛など）… 2 切れ
ハーブ（タイムなど）… 適量
レモン … 4 切れ
白ワイン … 大さじ4
バター … 10g
塩 … 小さじ1/3
黒胡椒 … 少々

作り方
1. 鍋に塩をまぶした白身魚を入れ、上にレモンとタイムを乗せる。
2. バターと白ワインを加え、ふたをして中火で3分ほど煮込み、黒胡椒をふる。

中火 3分

ソーセージとブロッコリー、カリフラワーのすっぱ辛煮

中火 5分

ソーセージに切れ目を入れることで、蒸し煮にするとお花のように開いてキュート！
豆板醤を抜くと大人味からファミリー仕様に。

材料

- ソーセージ … 6本
- ブロッコリー … 1/2株
- カリフラワー … 1/2株
- にんじん … 1/6本
- A｜鶏がらスープ … 200mℓ
　　酢 … 大さじ1/2
　　豆板醤 … 小さじ1
　　砂糖 … 小さじ1/2

作り方

1. ソーセージは十文字に切れ目を入れる。ブロッコリーとカリフラワーは小房にし、にんじんはピーラーで薄切りにする。

2. 浅めの鍋かフライパンに1を彩りよく並べる。にんじんをくるくると丸めた中央にソーセージを盛るとよい。

3. Aを注ぎ、ふたをして中火で5分ほど煮込む。

イカとたっぷりパセリのナンプラー煮

中火 3分

パセリをこんなにたくさん？　と驚くほどたくさん加えてみてください。
イカワタも必ず加えて！　何ともコク深い、お酒にもご飯にも合う一皿に。

材料

イカ … 1杯（ワタも使う）
玉ねぎ … ½個
パセリ … 3本
しょうが … 4切れ
にんにく … ½かけ
鶏がらスープ … 100mℓ
ナンプラー … 小さじ2
ごま油 … 大さじ1
酢 … 小さじ2
砂糖 … ひとつまみ

作り方

1 イカはワタを取って2cmの輪切りに、ゲソは3cmに切る。玉ねぎは薄切り、パセリは粗みじんに、しょうが、にんにくは薄切りにする。

2 鍋にすべての材料とワタを入れ、ふたをせずに中火で3分ほど煮込む。

里いもと海老の塩バター煮

じっくり煮に向く里いもですが、薄切りにすることでさっと煮に。
また普段は組み合わせない海老とのマッチングも新鮮な味です。

中火 5分

材料
里いも … 6個（280g）
海老 … 4尾
ブイヨン … 200mℓ
バター … 10g
にんにく … ½かけ
塩 … 小さじ⅓
ディル … 適量

作り方

1. 里いもは皮をむいて7㎜厚、にんにくは薄切り、海老は殻をむいて半分に切る。

2. 鍋にディル以外のすべての材料を入れ、ふたをして中火で5分ほど煮込む。仕上げにディルを飾る。

イカとセロリのグレープフルーツ煮

冷やしておくと、おもてなしのスターターになるすぐれもの。
白ワインやスパークリングワインがぴったりです。

弱火 5分

材料
するめイカ … 1杯
セロリ … 1本
グレープフルーツ … 1個
A│ナンプラー … 小さじ2 ½
　│オリーブオイル … 小さじ2
　│白ワイン … 50mℓ
　│砂糖 … 小さじ½
　│酢 … 小さじ1

作り方

1　するめイカは、ワタを取り1cmの輪切りに、ゲソは3cmに切る。セロリは斜め薄切りに、葉はざく切りに、グレープフルーツは小房にする。

2　鍋にすべての材料を入れ、ふたをして沸騰したら弱火で5分ほど煮込む。

column 冷めても美味しい煮込み料理 ❶

きゅうりと鶏ひきのビネガー煮

意外な組み合わせですが、食欲のない時や、暑い季節に冷やしても美味しい。
しょうがの千切りは少し多すぎるかな？ と思うくらいたっぷりと加えてください。

材料
- きゅうり … 2本
- 鶏ひき肉 … 150g
- しょうが … 1かけ
- A
  - 酢 … 大さじ3
  - だし汁 … 250㎖
  - 醤油 … 大さじ½
  - みりん … 大さじ1
  - 塩 … 小さじ⅔
- 水溶き片栗粉 … 大さじ2

作り方

1. きゅうりは乱切り、しょうがは千切りにする。
2. 鍋に鶏ひき肉としょうが、Aを入れてよく混ぜ、きゅうりを加え、中火で8分ほど煮込む。水溶き片栗粉でとろみをつける。

中火 8分

part 3
缶詰パカッと空けるだけ煮込み

缶詰はそのまま食べても美味しいですが、
煮込みにするとさらに旨味アップ。
缶詰をパカッと空けて鍋に入れるだけでごちそうに。

canned food
corned beef

コンビーフとブロッコリーのミルクチーズ煮

コンビーフとチーズの塩分で、十分美味しくいただけます。
チーズ好きな人は、いろいろな種類のチーズを
組み合わせて使うとさらに美味。

材料
コンビーフ … 1 缶
ブロッコリー … 1 株
ミックスチーズ … 100g
牛乳 … 300㎖

作り方
1. ブロッコリーは小房に分ける。
2. 鍋に1とコンビーフ、牛乳を入れ、ふたをして弱火で5分ほど煮込む。最後にチーズを加える。

弱火 5分

canned food

corned beef

コンビーフとキャベツの煮もの

キャベツは2人分で½個ですが、煮込むとギュッとかさが減るのでぺろりといただけます。しょうがとお酢でさわやかさをプラスして。

中火 **7**分

材料

コンビーフ … 1缶
キャベツ … ½個
エリンギ … 1本
しょうが … 10g
A│酒 … 大さじ3
　│醤油 … 大さじ1½
　│みりん … 大さじ½
　│酢 … 大さじ½

作り方

1. キャベツはざく切り、エリンギは長さを半分に切り、薄切りにし、しょうがは千切りにする。
2. 鍋に1とコンビーフ、Aを入れ、ふたをして中火で7分ほど煮込む。

canned food
oil sardine

オイルサーディンと
じゃがいものパプリカ煮

中火 12分

ローズマリーは生が手に入らない場合は、乾燥でも加えると、風味が増します。
薄く切ったバゲットに乗せ、オリーブオイルをかけるとつまみにも。

材料

オイルサーディン … 1缶
じゃがいも … 2個
パプリカパウダー … 大さじ½
ブイヨン … 200㎖
白ワイン … 50㎖
にんにく … ½かけ
砂糖 … 小さじ½
塩 … ひとつまみ
ローズマリー … 1枝

作り方

1 じゃがいもは皮をむいて2㎝角に切り、にんにくは薄切りにする。

2 鍋にすべての材料を入れ、ふたをせずに中火で12分ほど煮込む。

オイルサーディンと
ドライトマトのビーンズ煮

canned food / oil sardine

中火 15分

お家に常備しておける材料とトマトで、おしゃれな一品に。パスタやリゾットなどにもアレンジしやすいレシピです。

材料
オイルサーディン … 1缶
トマト … 2個
ドライトマト … 20g
ミックスビーンズ水煮 … 1袋
白ワイン … 100mℓ
ブイヨン … 100mℓ
塩 … 小さじ⅓
砂糖 … 小さじ⅓
タイム … 適量

作り方
1. トマトは、3cm角切りにする。
2. 鍋にすべての材料を入れ、ふたをせずに中火で15分ほど煮込む。

Arrange menu

余ったらゆでたパスタと絡めても美味しい。

canned food / whole tomatoes

豚バラとかぶのトマトヨーグルト煮

ヨーグルトと醤油の組み合わせがトマトの酸味と意外にも合います。
コトコト煮込んで、かぶをじゅわっと柔らかく仕上げます。

中火 15分

材料

- ホールトマト缶 … ½缶
- 豚バラ薄切り肉 … 100g
- かぶ … 2個
- A
  - ブイヨン … 200mℓ
  - ヨーグルト … 大さじ1½
  - 醤油 … 大さじ1
  - ケチャップ … 大さじ1
  - 鷹の爪 … 1本

作り方

1. 豚バラは4cm長さに、かぶは皮をむいて4等分に切り、葉もざく切りにする。ホールトマトは軽くつぶす。
2. 鍋にすべての材料を入れ、ふたをせずに中火で15分ほど煮込む。

さんまのトマト味噌煮

canned food / whole tomatoes

生のさんまを使ってももちろん美味しいですが、よりお手軽にするために缶詰のダブル使い！ 味噌を加えてほっとする味に。

中火 15分

材料

ホールトマト缶 … ½缶
さんま水煮缶 … 1缶
味噌 … 大さじ½
みりん … 大さじ½
オリーブオイル … 小さじ2
水 … 200ml
イタリアンパセリ … 適量

作り方

1. 鍋にイタリアンパセリ以外のすべての材料を入れ、ふたをせずに中火で15分ほど煮込み、イタリアンパセリを飾る。

鮭缶と春雨のタイ風煮込み

辛党なら一味唐辛子に加え、ラー油や黒胡椒をプラスして！
鮭缶丸ごと使うので、だし汁がなくても美味。

中火 **7**分

材料
鮭缶（水煮）… 1缶
春雨 … 50g
にんにく … 1かけ
ナンプラー … 大さじ1
酢 … 小さじ2
砂糖 … ひとつまみ
水 … 400mℓ
パクチー … 適量
一味唐辛子 … 適量

作り方
1. にんにくはみじん切りにする。鍋にパクチーと一味唐辛子以外のすべての材料を入れ、ふたをして中火で7分ほど煮込む。
2. ちぎったパクチーと一味唐辛子をかける。

canned food
salmon

鮭缶と白菜のオイスターソース煮

弱火 15分

白菜はざく切りにしても食べやすくなります。
芯をつけたまま食卓に出すとごちそう感が増します。
ナイフで切りながらいただきます。

材料

鮭缶（水煮）… 1缶
白菜 … 1/8株
にんにく … 1/2かけ
A｜豆乳 … 100ml
　｜鶏がらスープ … 150ml
　｜オイスターソース … 小さじ2
　｜醤油 … 小さじ1
水溶き片栗粉 … 大さじ2

作り方

1. 白菜は芯を残したまま、縦半分に切る。にんにくは薄切りにする。
2. 鍋に鮭缶と1、Aを入れ、ふたをして弱火で15分ほど煮込む。水溶き片栗粉でとろみをつける。

鯖缶と豆腐のキムチ煮

鯖の水煮缶は、缶汁ごと使ってみてください。塩分も旨味もあるので、味付けはシンプルに！ 寒い日に鍋ごと食卓に。

中火 5分

材料

- 鯖缶（水煮）… 1缶
- 木綿豆腐 … 1丁
- キムチ … 100g
- しょうが … 1かけ
- A
  - だし汁 … 200ml
  - 醤油 … 小さじ1
  - みりん … 小さじ1
- 水溶き片栗粉 … 大さじ2
- 青ねぎ … 適量

作り方

1. 木綿豆腐は大きめに手でちぎり、しょうがはすりおろす。
2. 鍋に1と鯖缶、キムチ、Aを入れ、ふたをせずに中火で5分ほど煮込み、水溶き片栗粉でとろみをつけ、青ねぎを飾る。

canned food
mackerel

鯖缶と玉ねぎのスパイス醤油煮

スパイス醤油が、玉ねぎとパプリカの甘みを引き立てます。
クミンはプチプチはじけるシードタイプのものを。さんまの水煮缶でもOK。

中火 **7**分

材料

鯖缶（水煮）… 1缶
玉ねぎ … 1個
パプリカ（赤）… ½個
A | 水 … 200mℓ
　 | コリアンダー（粉）… 小さじ½
　 | クミンシード … 小さじ½
　 | 醤油 … 小さじ2 ½
　 | 砂糖 … 小さじ½

作り方

1 玉ねぎは半分に切ってから1cm幅に、パプリカは1cm幅に切る。

2 鍋にすべての材料を入れ、ふたをして中火で7分ほど煮込む。

canned food
tuna

ツナ缶ときのこのアラビアータ

この一皿は、パスタやリゾットにアレンジできるほか、
豚肉ソテーのソースとしても。超万能レシピです。

中火 5分

材料
ツナ缶 … 1缶（70g）
エリンギ … 2個
しめじ … 1株
にんにく … 1かけ
A｜鷹の爪 … 1本
　｜ブイヨン … 300ml
　｜ケチャップ … 大さじ2
　｜オリーブオイル … 大さじ½

作り方
1. エリンギは半分の長さに切り、縦4等分にする。しめじは小房にし、にんにくはつぶす。
2. 鍋にすべての材料を入れ、ふたをせずに中火で5分ほど煮込む。

canned food
tuna

ツナ缶とじゃがいもの梅バター煮

中火 13分

ツナ缶と梅とバターの組み合わせ。みりんがまろやかにしてくれるので、必ず加えてみてください。大葉がないともの足りないのでぜひ用意して。

材料

ツナ缶 … 1缶
じゃがいも … 3個
梅干し … 2個
水 … 300ml
バター … 10g
みりん … 大さじ1
大葉 … 3枚

作り方

1. じゃがいもは皮をむいて小さめの乱切りに、梅干しは種を取って軽くたたく。

2. 鍋に大葉以外のすべての材料を入れ、ふたをして中火で13分ほど煮込む。ちぎった大葉を散らす。

column　冷めても美味しい煮込み料理 ❷

セロリとみょうがの塩煮

たっぷり作って、冷蔵庫に入れて常備菜に。
冷たいままでもおいしいので、ほかのお料理の箸休めにも重宝します。

材料
セロリ … 2本
みょうが … 3本
ベーコン … 2枚
A｜だし汁 … 400mℓ
　｜みりん … 小さじ2
　｜酢 … 小さじ2
　｜塩 … 小さじ1
　｜オリーブオイル … 大さじ1 ½

作り方
1. ベーコンは細切りに、セロリは、7〜8cmのスティック状、みょうがは縦4等分に切る。
2. 鍋に1とAを入れてふたをして中火で10分ほど煮込む。

中火 10分

part 4

ご飯も麺も煮込み

煮込み料理のすごいところは、メインディッシュになるだけでなく
ご飯や麺にもなることです。
米やパスタもそのまま食材と一緒に鍋の中へどうぞ！

カリフラワーと海老の パエリヤ

サフランの代わりにカレー粉を使ってみました。
スープをすったホロホロのカリフラワーがおすすめですが、
なければブロッコリーでも。

材料
海老 … 4尾
ソーセージ … 4本
カリフラワー … 1/3株
ピーマン … 2個
にんにく … 1/2かけ
A｜ブイヨン … 420mℓ
　｜オリーブオイル … 大さじ2
　｜カレー粉 … 小さじ1
　｜パプリカパウダー … 小さじ1
米 … 1合

作り方

1. カリフラワーは小さめの小房にし、にんにくは薄切り、ソーセージは縦に半分、ピーマンは種を取り4等分に切る。

2. 鍋にAを沸騰させ、米を振り入れてさっと混ぜ、1と海老を彩りよく並べる。ふたをして弱火で15分ほど煮込む。

弱火 **15**分

鶏肉と春菊のトムヤム煮込み麺

すっぱ辛い味が大好きな私は、トムヤムペーストを常備。
手軽にエスニックヌードルができます。

中火 5分

材料
鶏もも肉 … 1/2枚
春菊 … 1/3株
中華麺 … 1袋
A│鶏がらスープ … 800ml
　│トムヤムペースト … 大さじ2
　│ナンプラー … 大さじ1
　│砂糖 … 小さじ1/2
パクチー … 好みで

作り方

1. 鶏もも肉は一口大に、春菊は2cmに切る。

2. 鍋にAを入れ、沸騰したら鶏もも肉と中華麺を加え、ふたをせずに中火で5分ほど煮込み、春菊とパクチーを加える。

サンラーご飯

酸辣湯にご飯を入れてみました。常備食材でさっとできます。
野菜は、ねぎやきのこなど、家にあるものでも。

中火 5分

材料
豚コマ肉 … 80g
白菜 … 3枚
しいたけ … 2個
ご飯 … 200g
卵 … 1個
A │ 鶏がらスープ … 500ml
　│ 酢 … 大さじ2
　│ 鷹の爪 … 1本
　│ 黒胡椒 … 少々
ラー油 … 好みで

作り方
1. 白菜は2cm長さ、しいたけは薄切り、豚コマは一口大に切る。卵は溶いておく。
2. 鍋に卵とラー油以外のすべての材料を入れ、ふたをせずに中火で5分ほど煮込み、溶き卵とラー油を加える。

ひき肉とトマト、ブロッコリーの煮込みマカロニ

弱火 13分

マカロニはゆでずにそのままスープの中でコトコト煮込むだけ。
スープの味がしみこんだマカロニでいつもとは違う味を楽しめます。

材料

トマト缶 … 1缶
合いびき肉 … 100g
ブロッコリー … ½株
マカロニ … 140g
ブイヨン … 300mℓ
ケチャップ … 小さじ2
塩 … 小さじ½
砂糖 … 小さじ½
チーズ … 適量

作り方

1. ブロッコリーは小さめの小房にする。
2. 鍋にチーズ以外のすべての材料を入れ、ふたをして沸騰したら弱火で13分ほど煮込み、チーズをふる。

ホタテ缶とほうれん草の煮込みペンネ

弱火 13分

ホタテ缶の旨味で調味料は塩だけでOK。ペンネもゆでずに煮込みます。
牛乳が分離しないように弱火でことこと、煮立たせないのがコツ。

材料

- ホタテ缶（ほぐし）… 1缶
- ほうれん草 … 2株
- ペンネ … 140g
- A
  - 牛乳 … 100mℓ
  - 水 … 200mℓ
  - 塩 … 小さじ1
  - 片栗粉 … 小さじ½
- 黒胡椒 … 適量

作り方

1. ほうれん草は3cm長さに切る。鍋にホタテ缶、ペンネ、Aを入れ、ふたをして沸騰したら弱火で13分ほど煮込む。
2. ほうれん草を入れて火を止めひと混ぜし、黒胡椒をふる。

きのこたっぷり和風パスタ

パスタは、半分に折ることでそのままスープの中に。
きのこの旨味とだし汁をすったパスタは、お手軽なのにごちそう！

中火 8分

材料

しいたけ … 2個
エリンギ … 1本
しめじ … ½パック
ベーコン … 2枚
スパゲッティーニ … 150g
A｜ だし汁 … 500mℓ
　｜ 醤油 … 大さじ1½
　｜ 塩 … ひとつまみ
　｜ みりん … 小さじ1
　｜ オリーブオイル … 大さじ1
クレソン … 2本

作り方

1. しいたけは薄切り、エリンギは長さを半分にして薄切り、しめじは小房にする。ベーコンは、2cmに切る。

2. 鍋に1とA、半分に折ったスパゲッティーニを入れ、ふたをして中火で8分ほど煮込む。クレソンを飾る。

column 冷めても美味しい煮込み料理 ❸❹

プチトマトとズッキーニの
和風ラタトゥイユ

しらすを加えることで和風感がアップ。
いつもはオリーブオイルで作るラタトゥイユをごま油に変えてみました。ごまの風味がよい！

材料
- ホールトマト缶 … 1缶
- プチトマト … 6個
- ズッキーニ … 1本
- なす … 1本
- しらす … 大さじ2
- A
  - 醤油 … 大さじ1½
  - ケチャップ … 大さじ1
  - ごま油 … 大さじ½
  - 砂糖 … 小さじ … ½

作り方
1. ズッキーニとなすは2cm幅の半月切りにする。
2. 鍋にすべての材料を入れ、ふたをせずに中火で15分ほど煮込む。

中火 15分

ソーセージとピクルスのサワー煮

紫玉ねぎがピンクに変わる色の愛らしいことといったら。
もちろん普通の玉ねぎでも十分美味しいです。

材料
ソーセージ … 4本
ピクルス … 4本
パプリカ（赤）… ½個
紫玉ねぎ … 1個
A｜酢 … 150mℓ
　｜水 … 150mℓ
　｜砂糖 … 大さじ1
　｜塩 … 小さじ … ⅔
ローズマリー … 1枝

作り方

1 ソーセージは縦半分、ピクルスは斜め半分、パプリカはくし形切り、紫玉ねぎは1cm幅に切る。

2 すべての材料を鍋に入れ、ふたをせずに中火で15分ほど煮る。

中火 15分

新田亜素美（にった　あそみ）

フードスタイリスト。短大卒業後、都内レストランの厨房で働きながら、テレビなどでフードスタイリストとして活動を始める。現在は、書籍、雑誌でのレシピ制作やスタイリング、テレビ番組、広告でのコーディネートを手がけ、料理やお酒のイベントなども積極的に行う。著書に『並べて、焼けるの待つだけ ほったらかしオーブンレシピ』『冷凍パイシートさえあれば！ オープンパイ』（大和書房）がある。

staff

アートディレクション◆大藪 胤美（フレーズ）
デザイン◆宮代佑子（フレーズ）
カメラ◆宮濱祐美子
イラスト◆赤井稚佳
調理アシスタント◆友部理子、今井 亮、茂庭 翠
校正◆メイ
印刷所◆凸版印刷
製本所◆ナショナル製本
企画・編集◆長谷川恵子（大和書房）
撮影協力◆株式会社デニオ総合研究所
　　　　　www.deniau.jp
　　　　　GSW JAPAN
　　　　　www.gsw-japan.com/

鍋（なべ）さえあれば、じっくりコトコト
ほったらかし煮込（にこ）みレシピ

2016年11月20日　第1刷発行

著者　　新田亜素美（にった あそみ）
発行者　佐藤 靖
発行所　大和書房（だいわ）
　　　　〒112-0014
　　　　東京都文京区関口1-33-4
　　　　電話：03-3203-4511

©2016 Asomi Nitta Printed in Japan
ISBN978-4-479-92109-7
乱丁本、落丁本はお取替えいたします。
http://www.daiwashobo.co.jp/